Massimo Wolke

Furzende Einhörner

Das Malbuch

Massimo Wolke

Furzende Einhörner

Das Malbuch

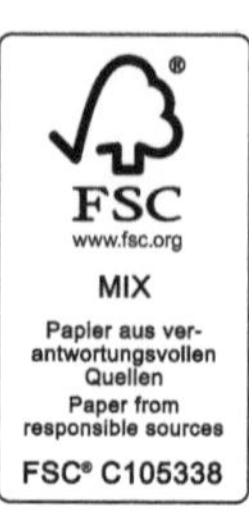

© 2017 Massimo Wolke
Herstellung und Verlag:
BoD – Books on Demand, Norderstadt

ISBN: 978-3-7431-2438-7

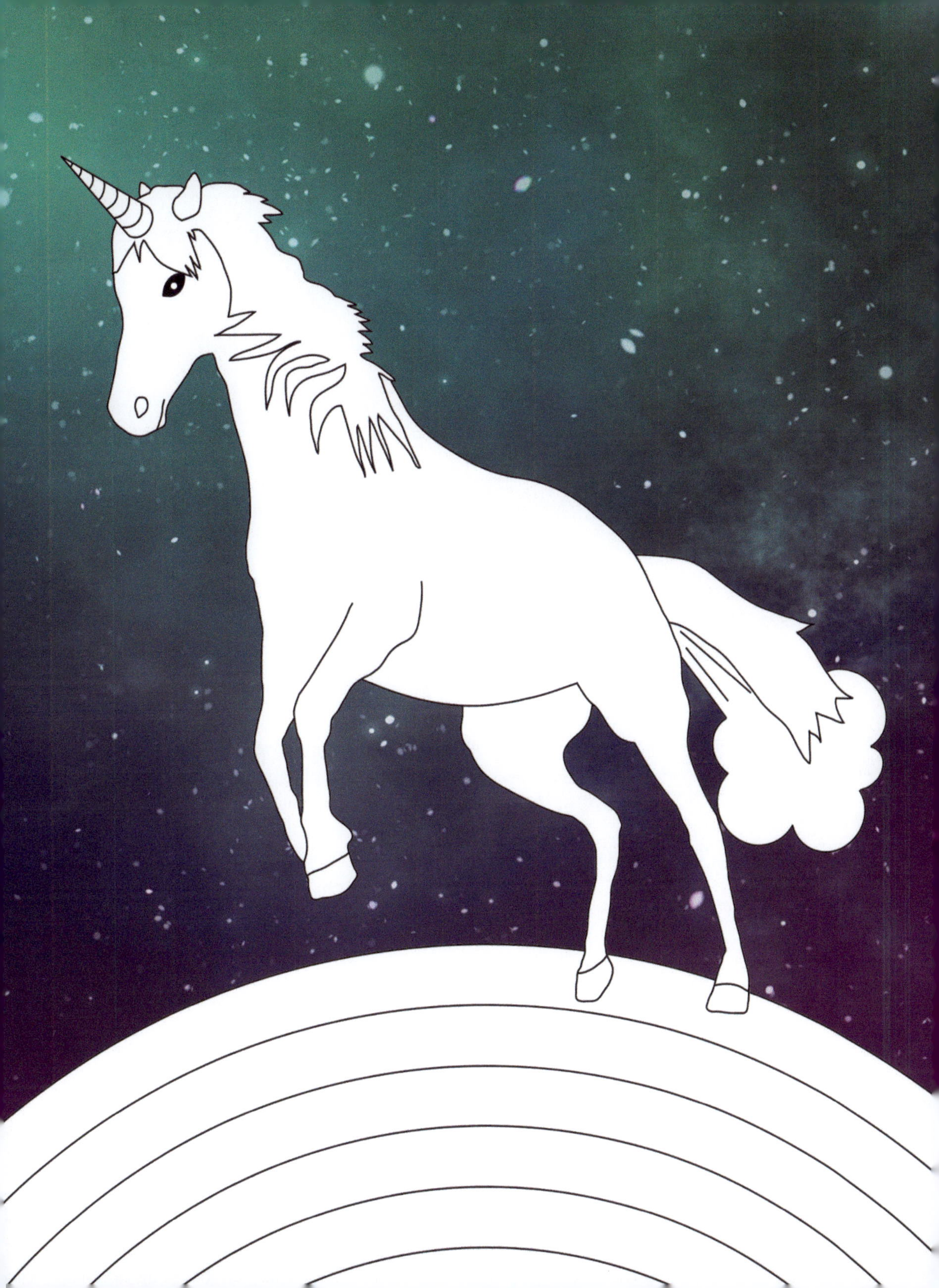

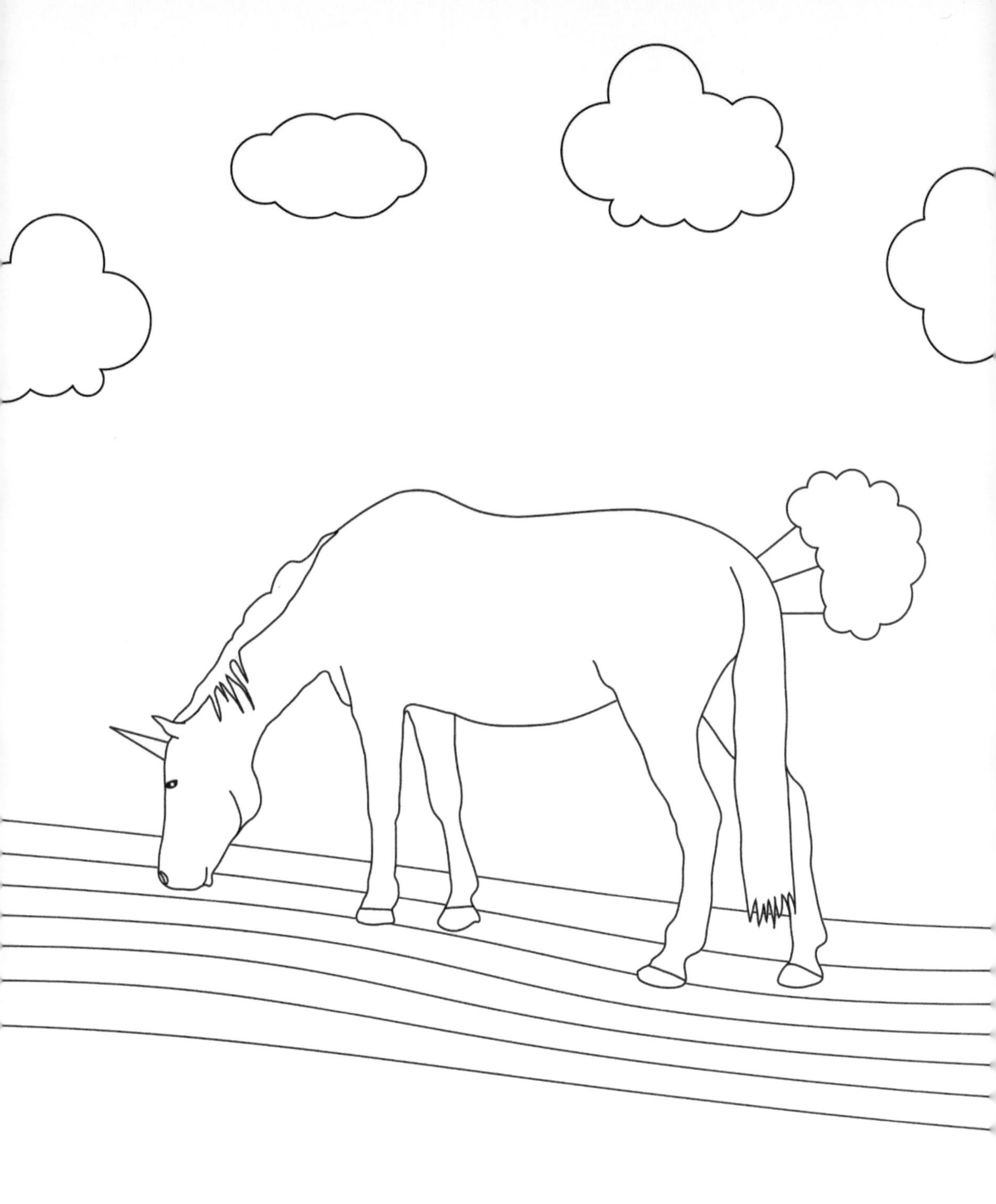

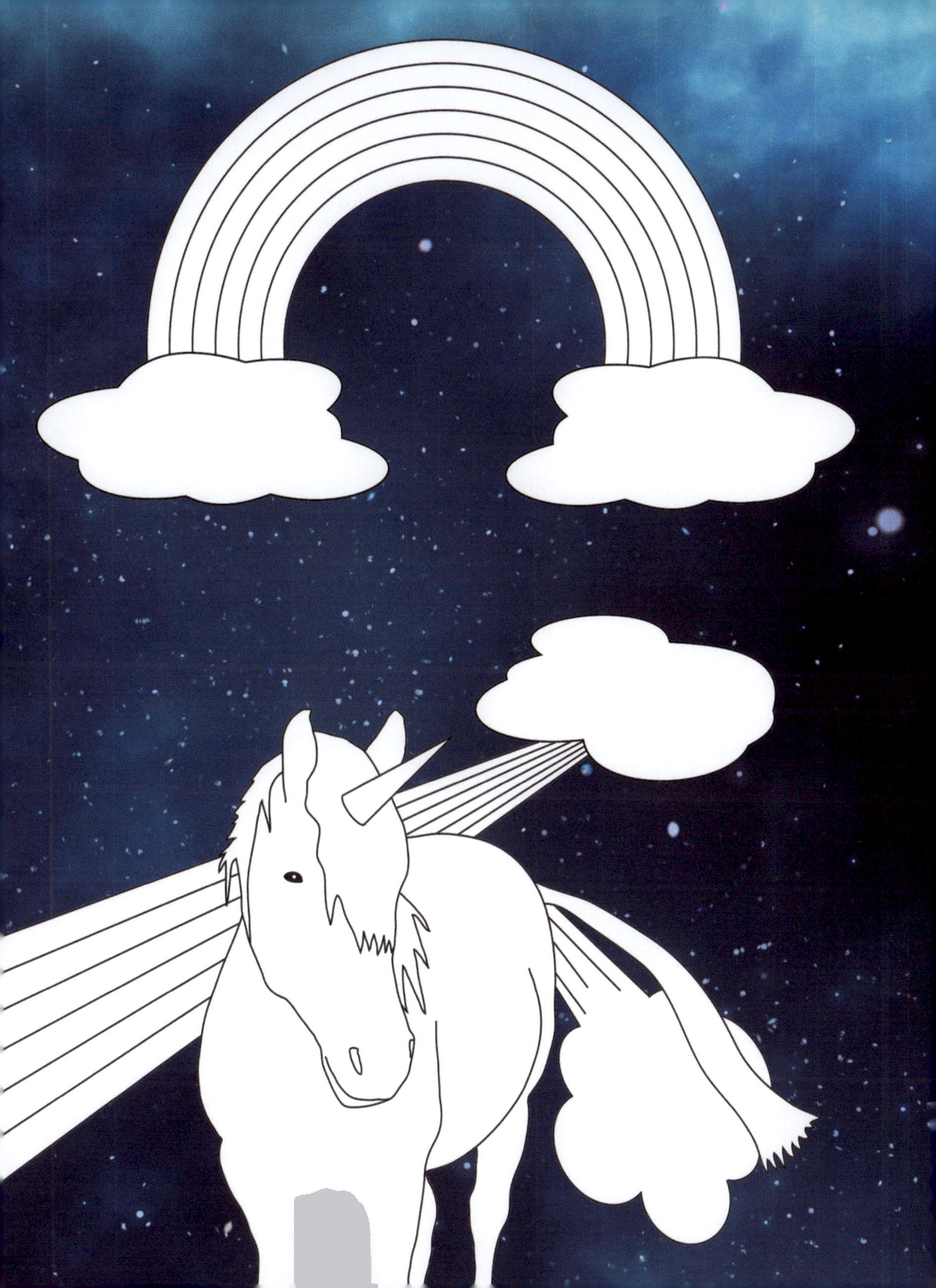

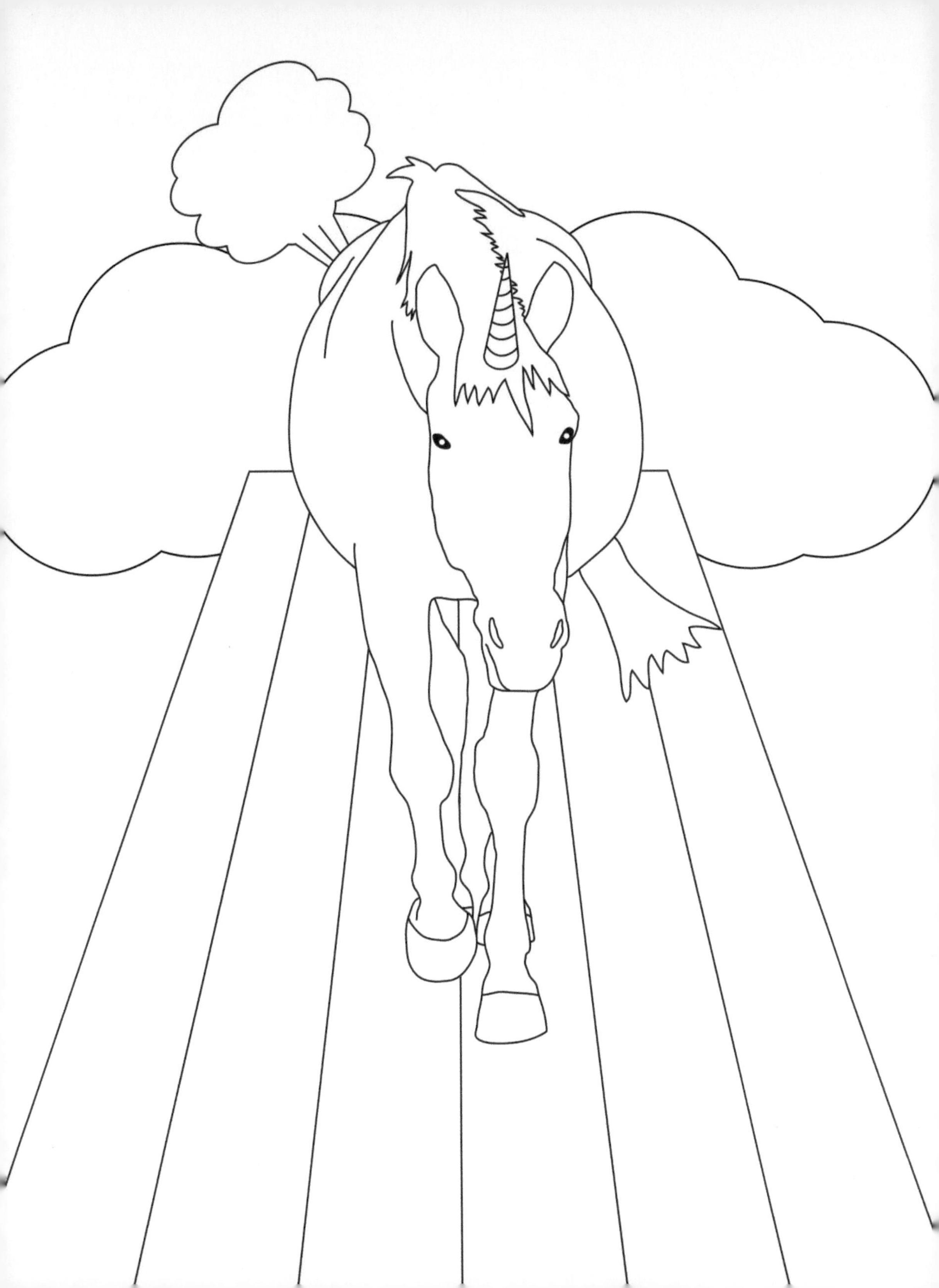

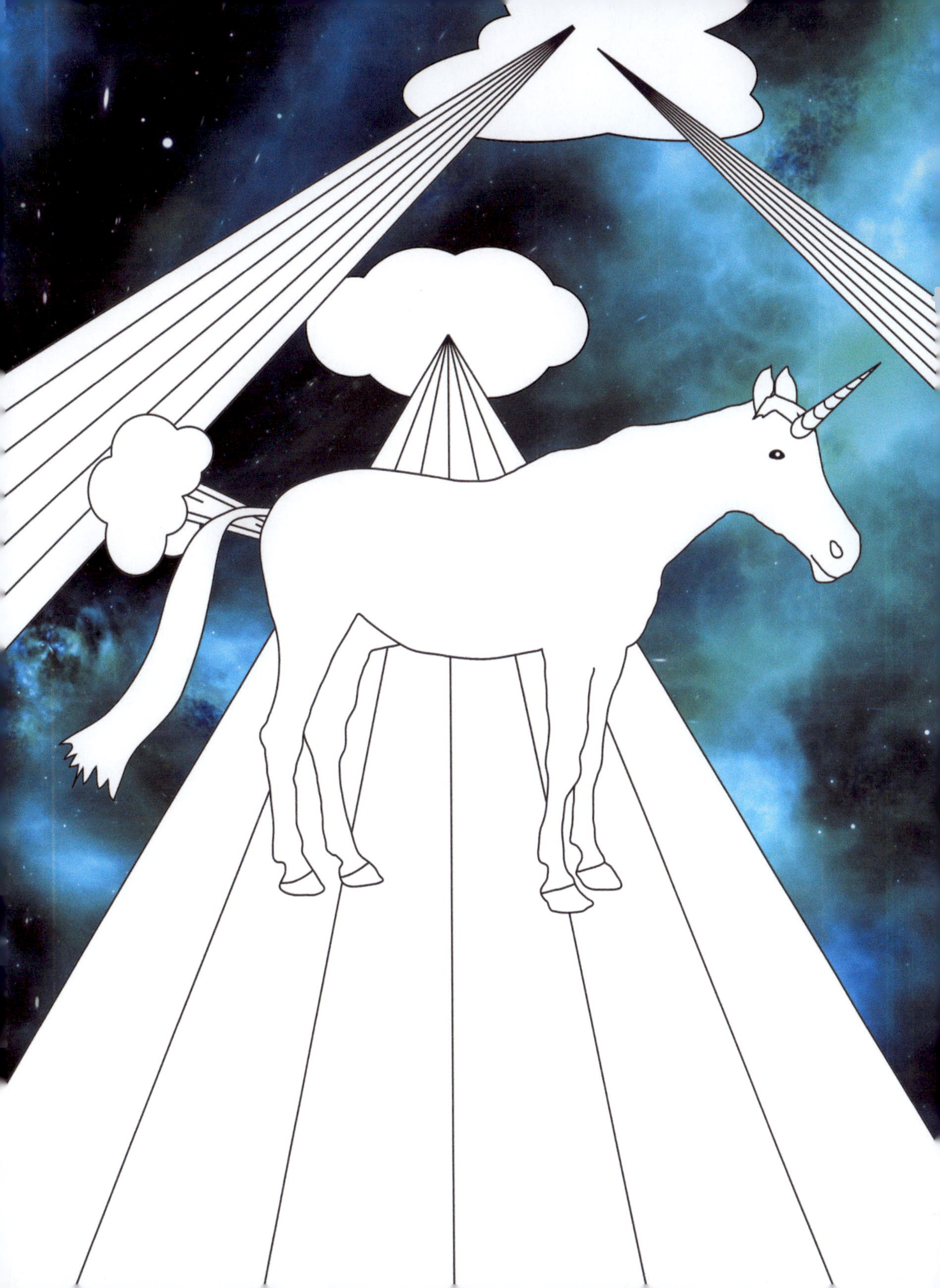

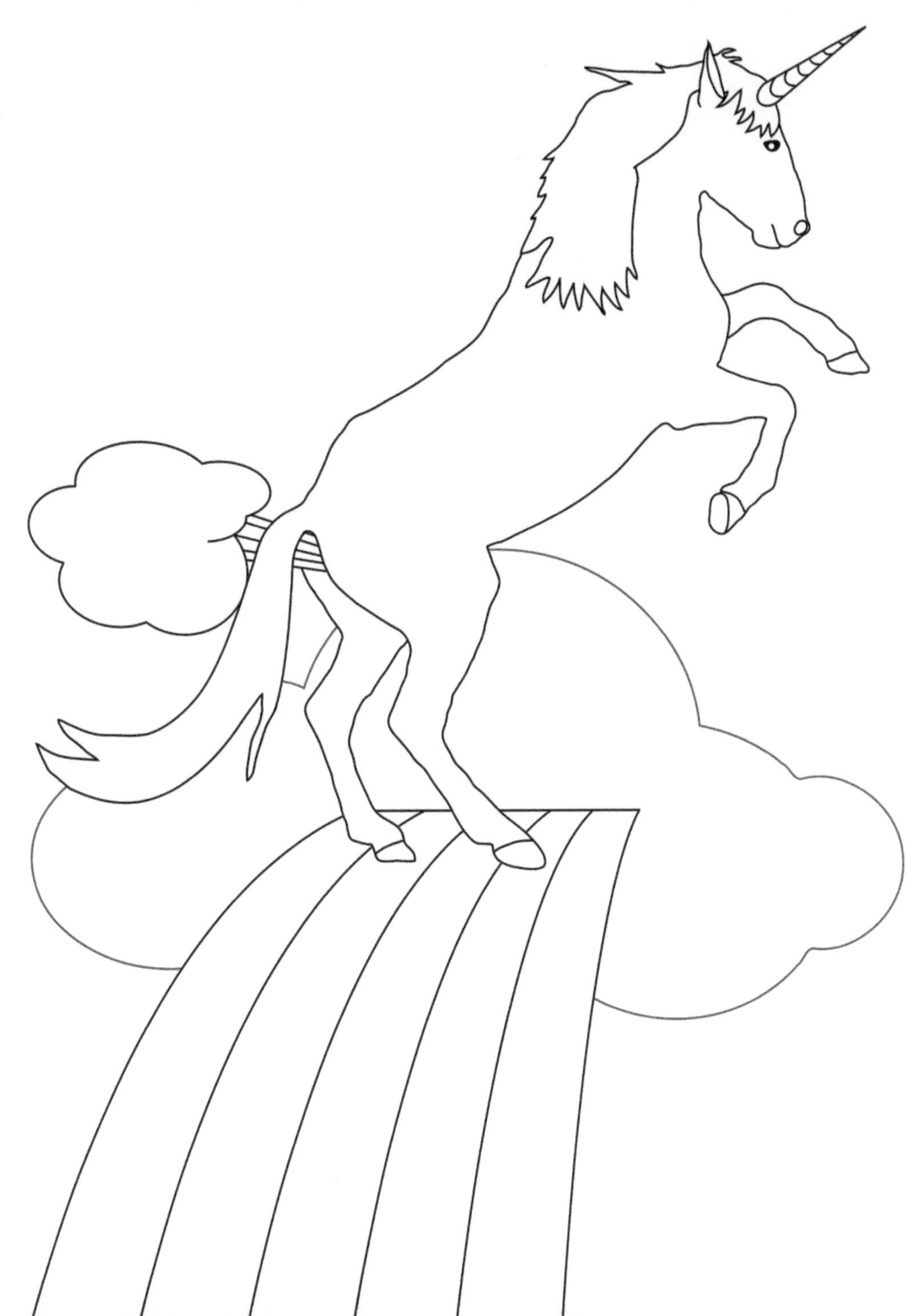

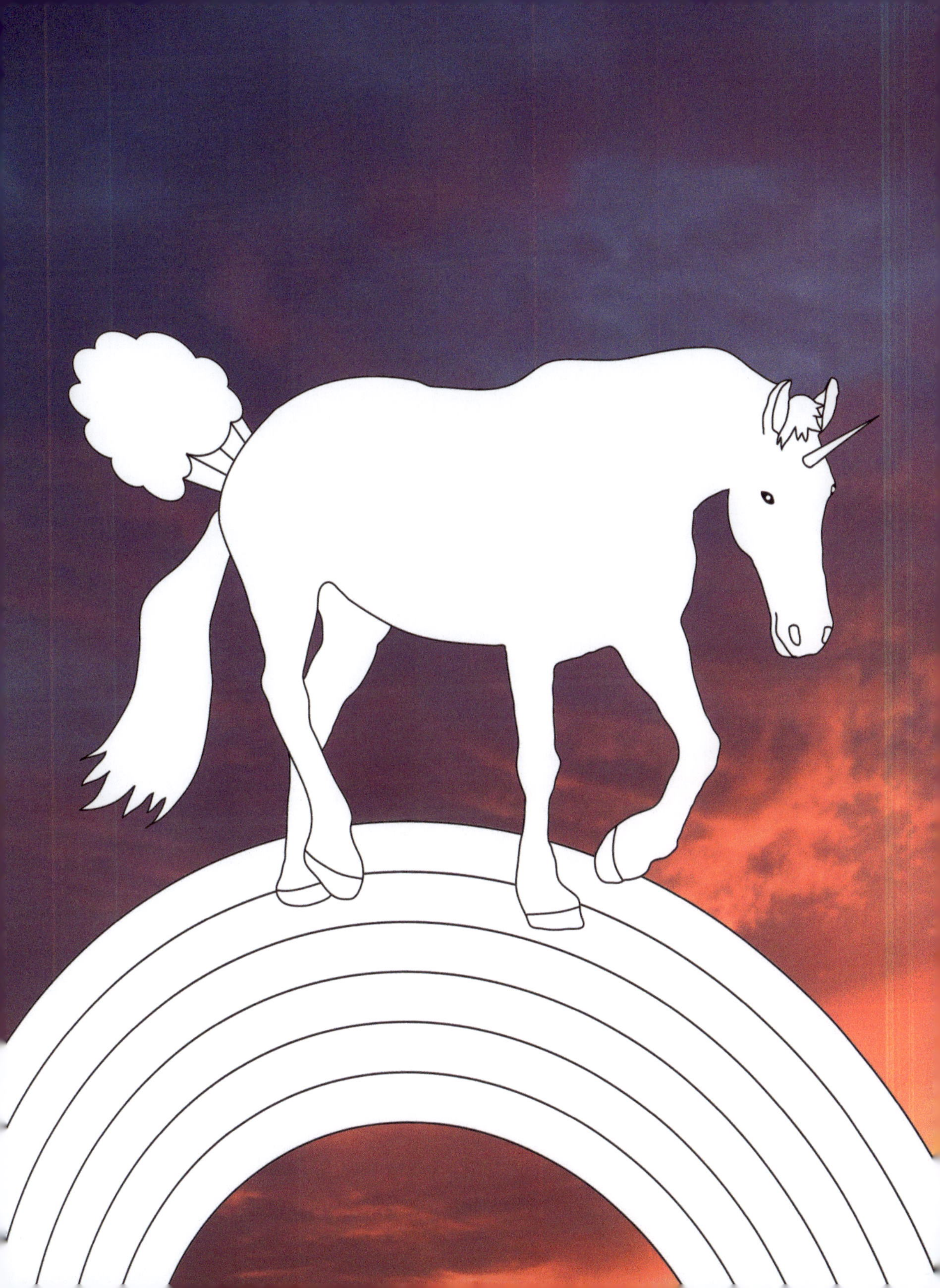

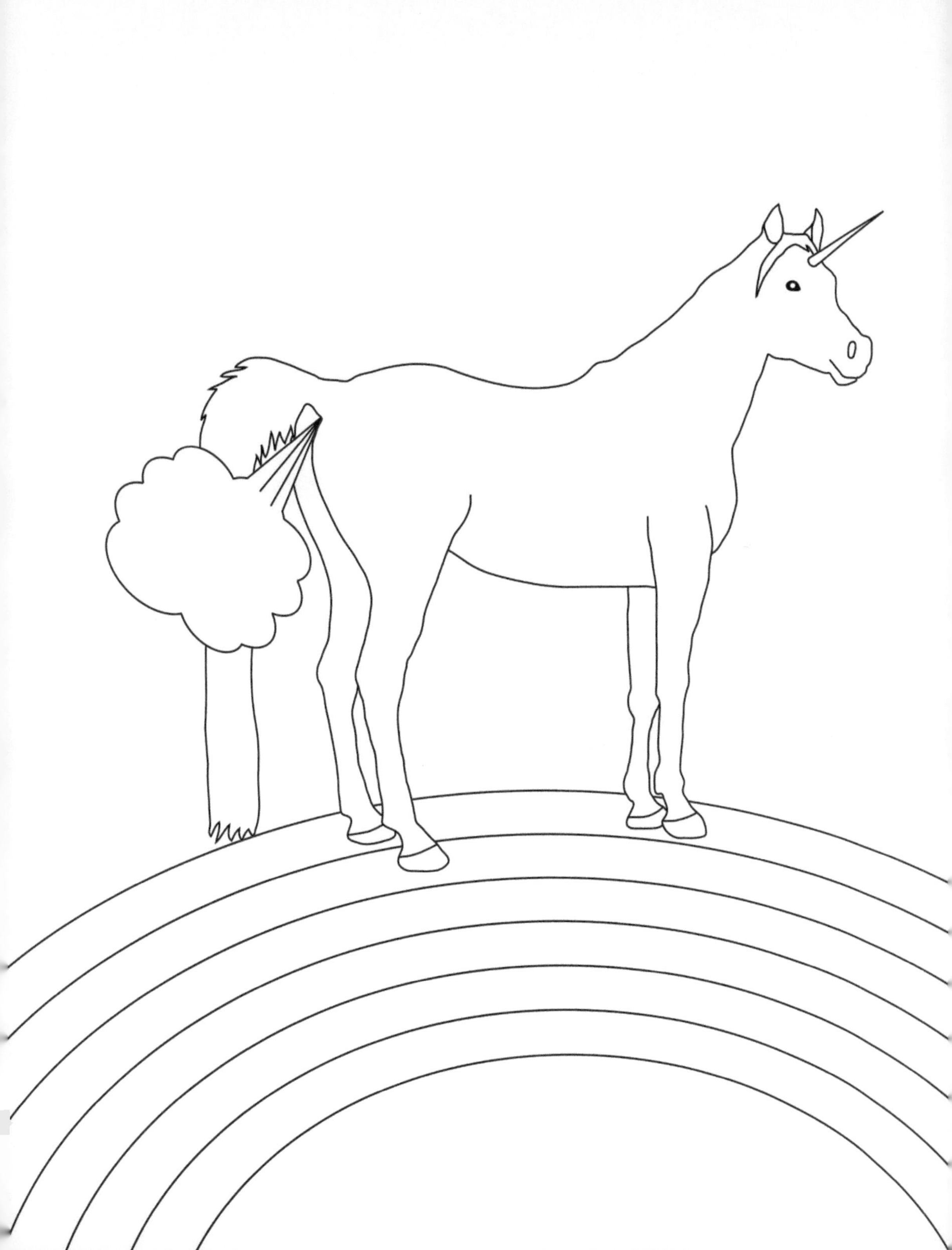

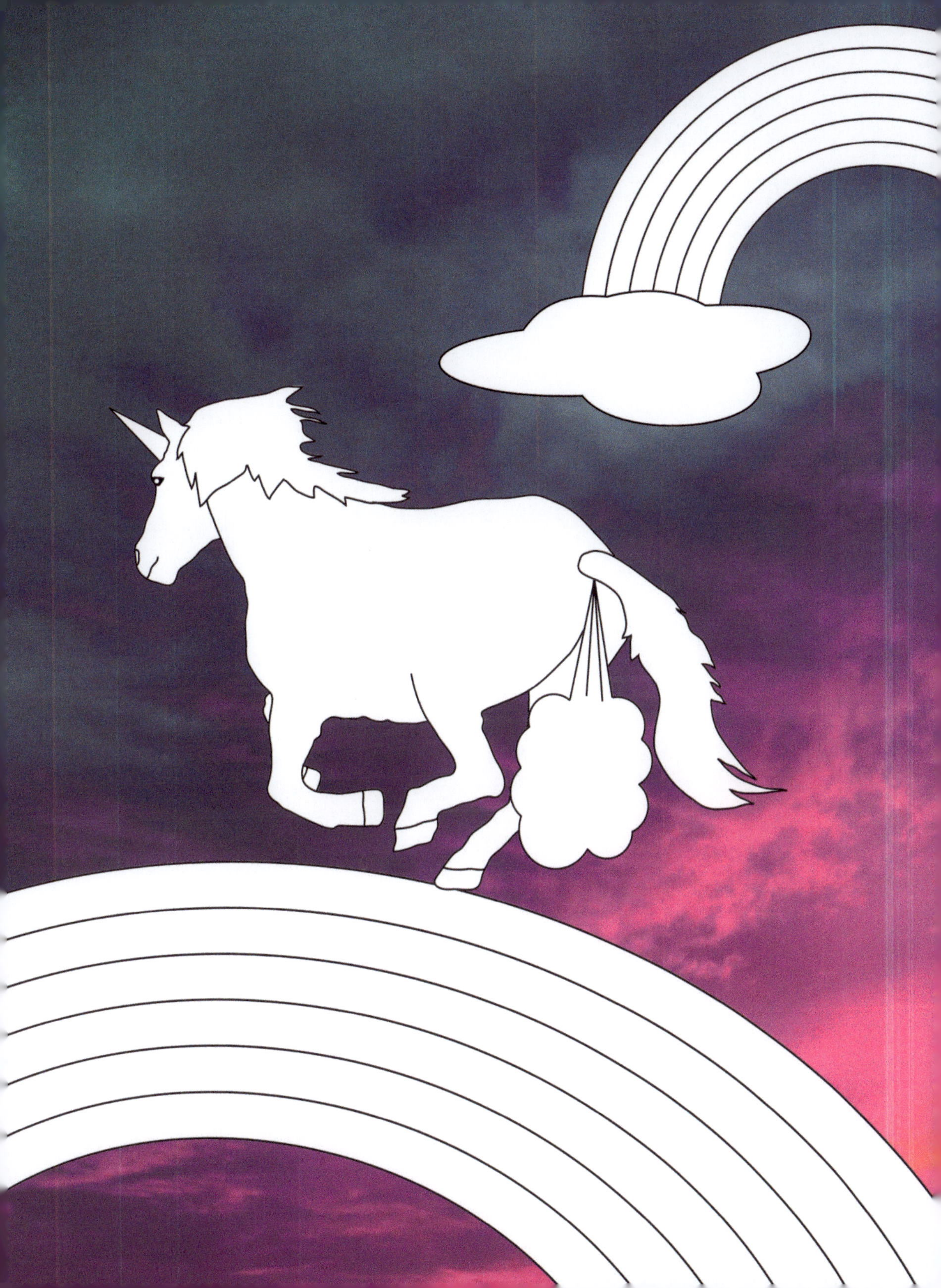

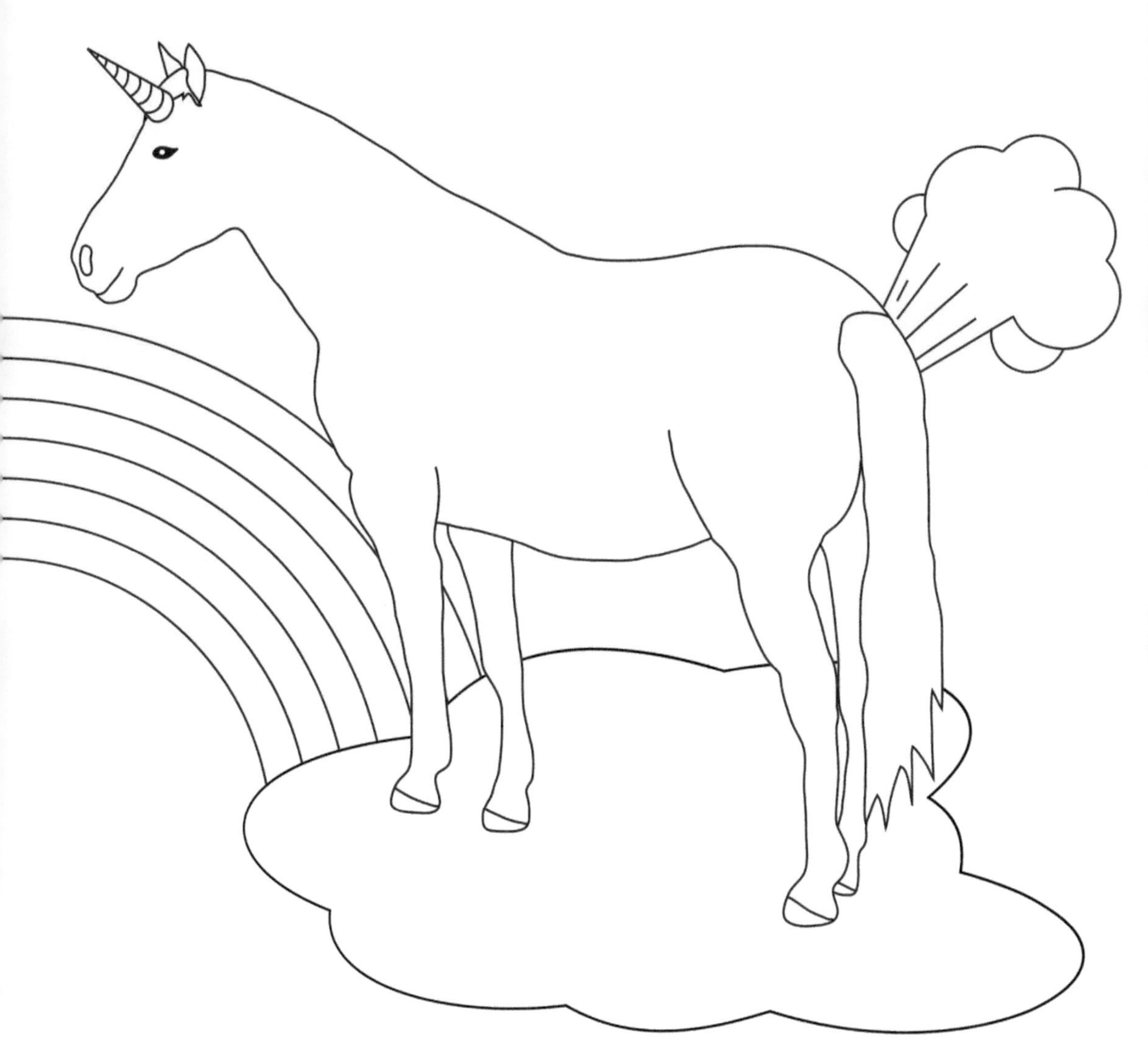

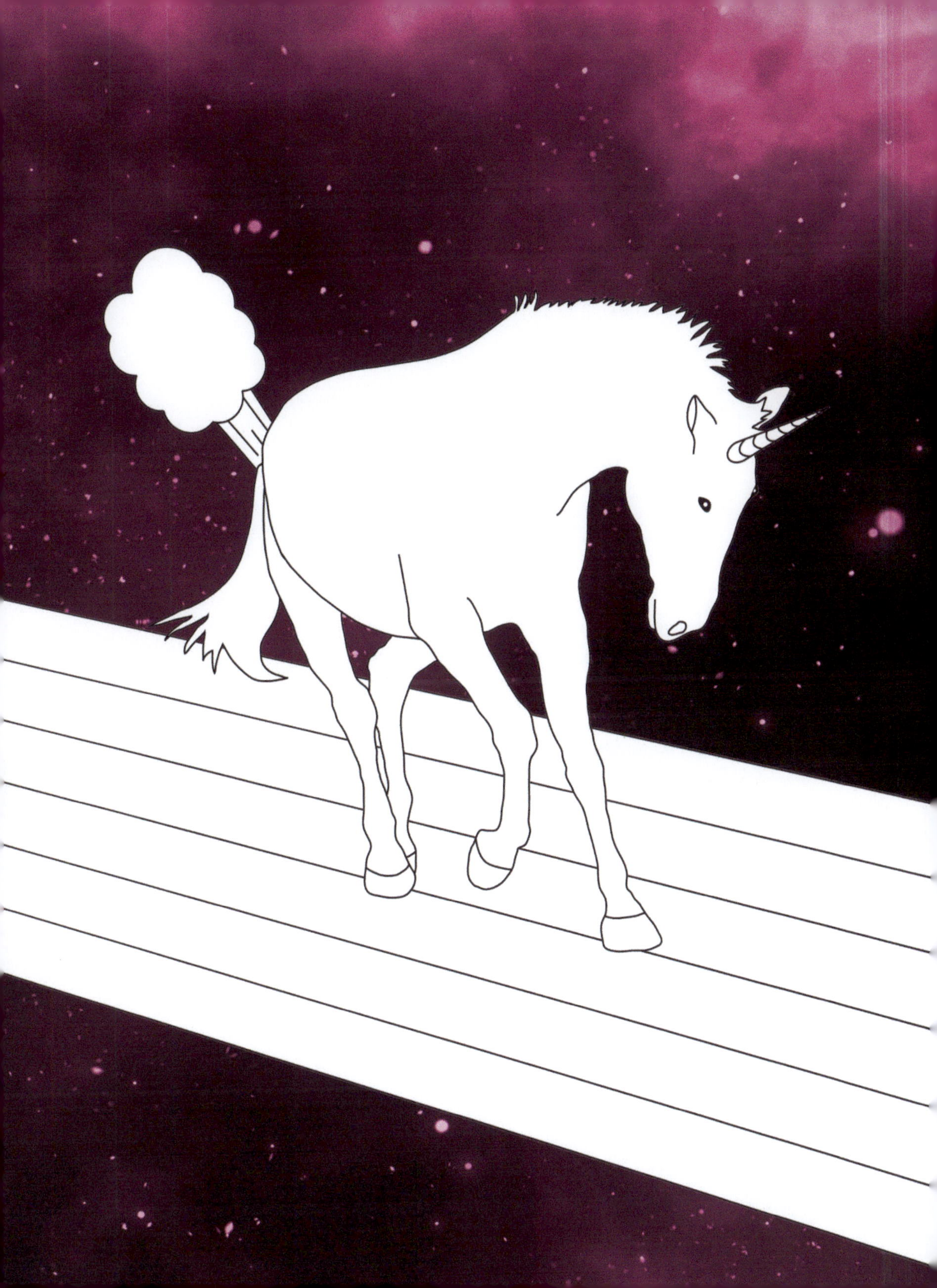

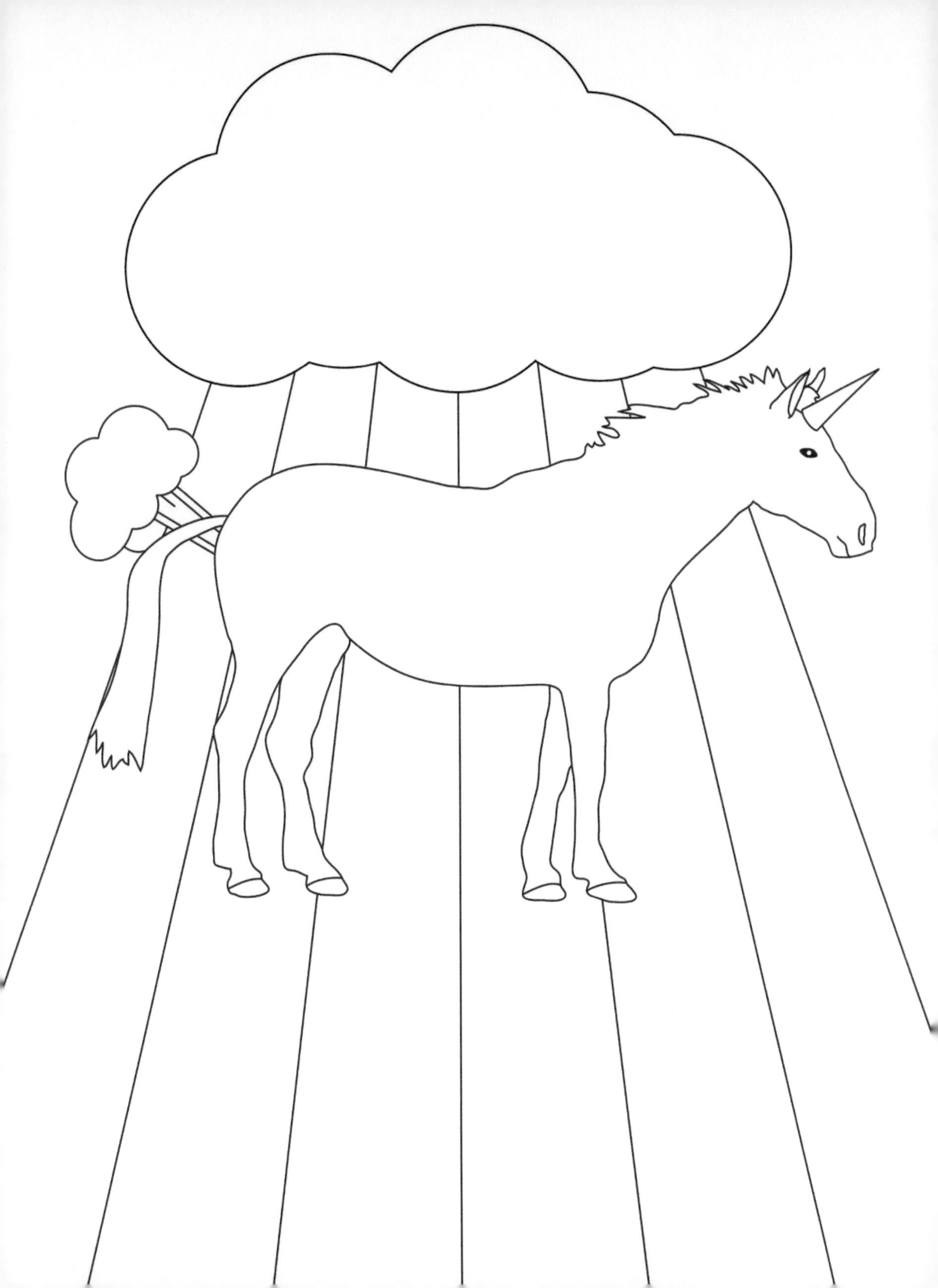

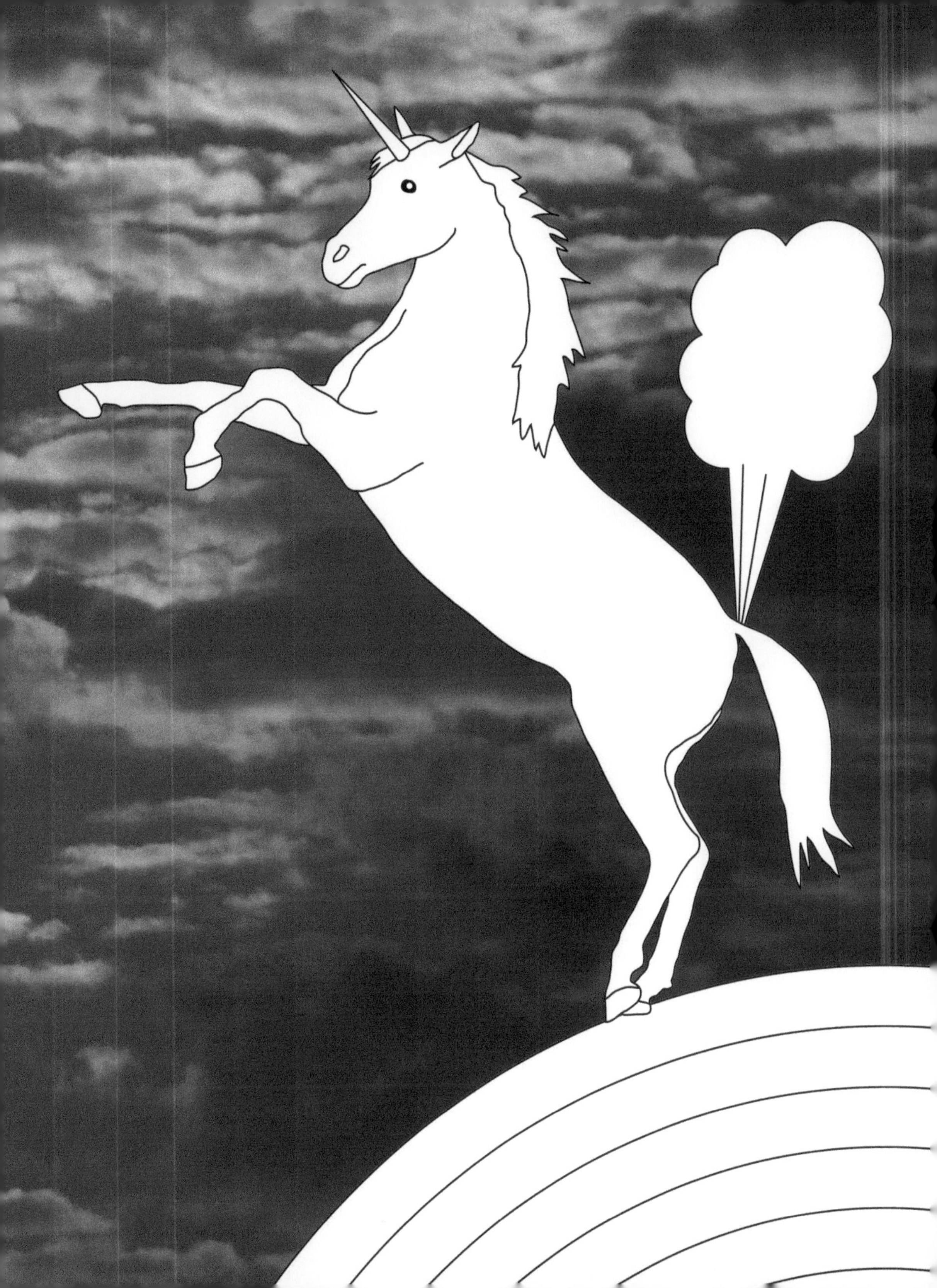

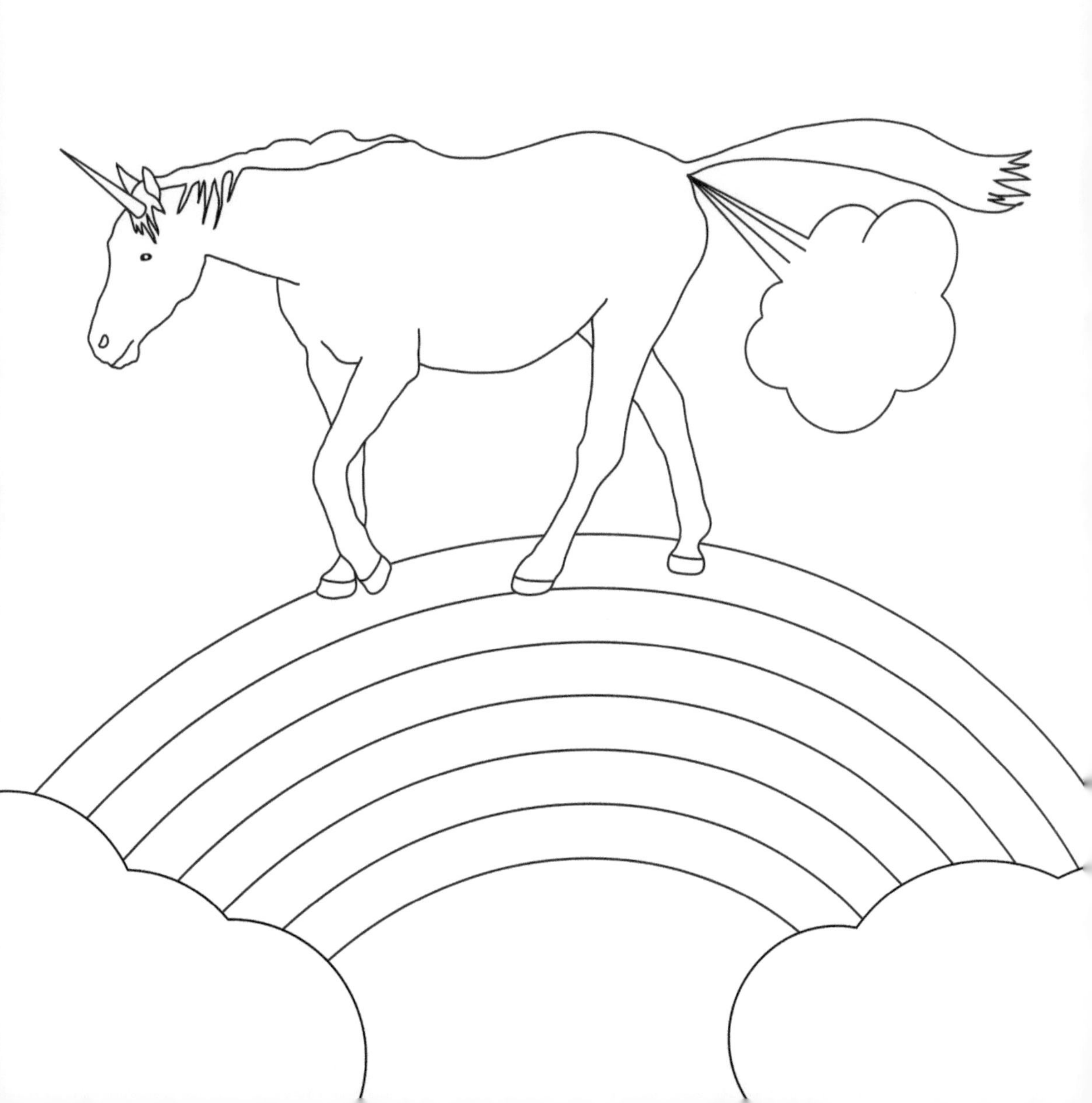

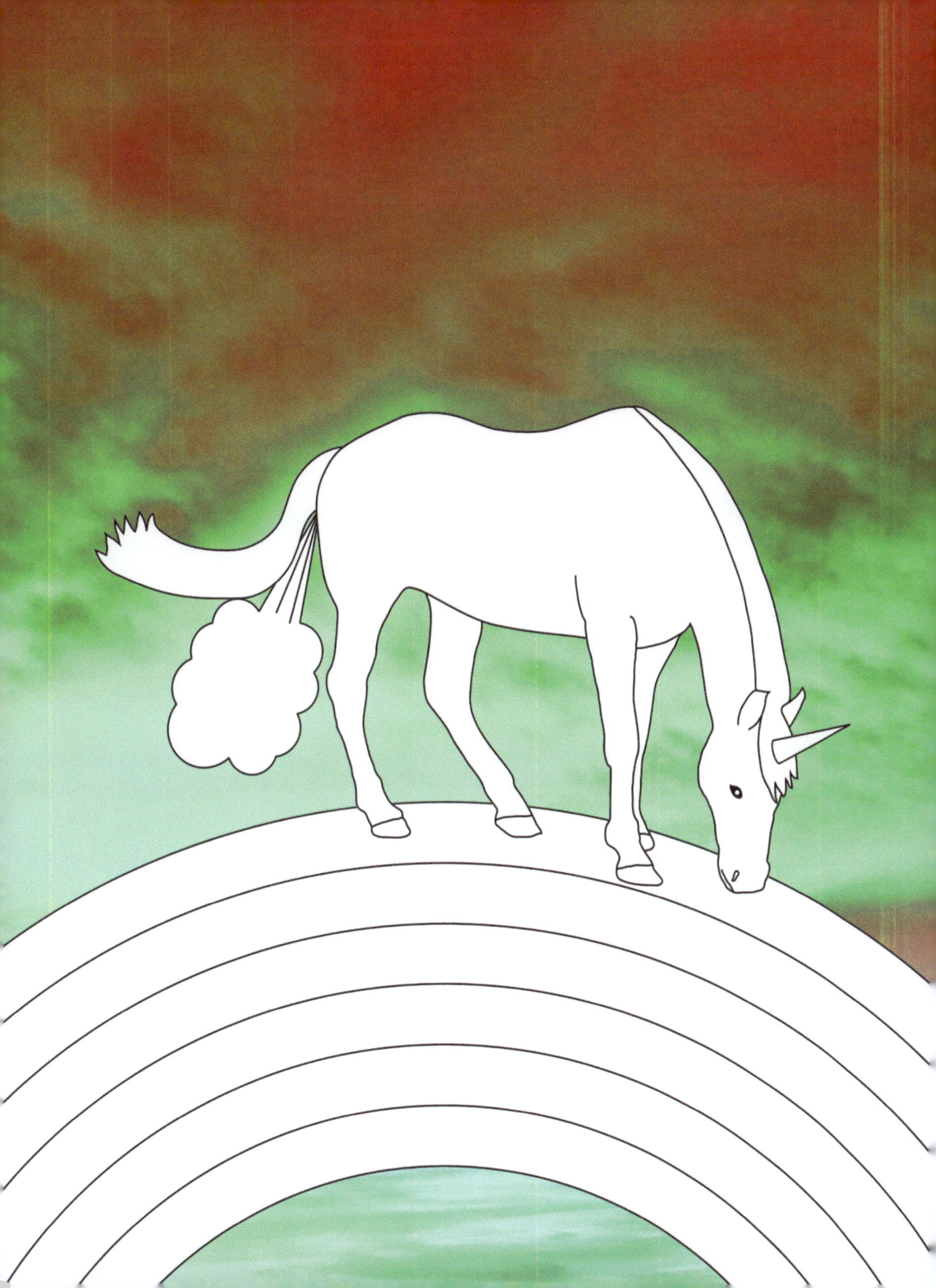

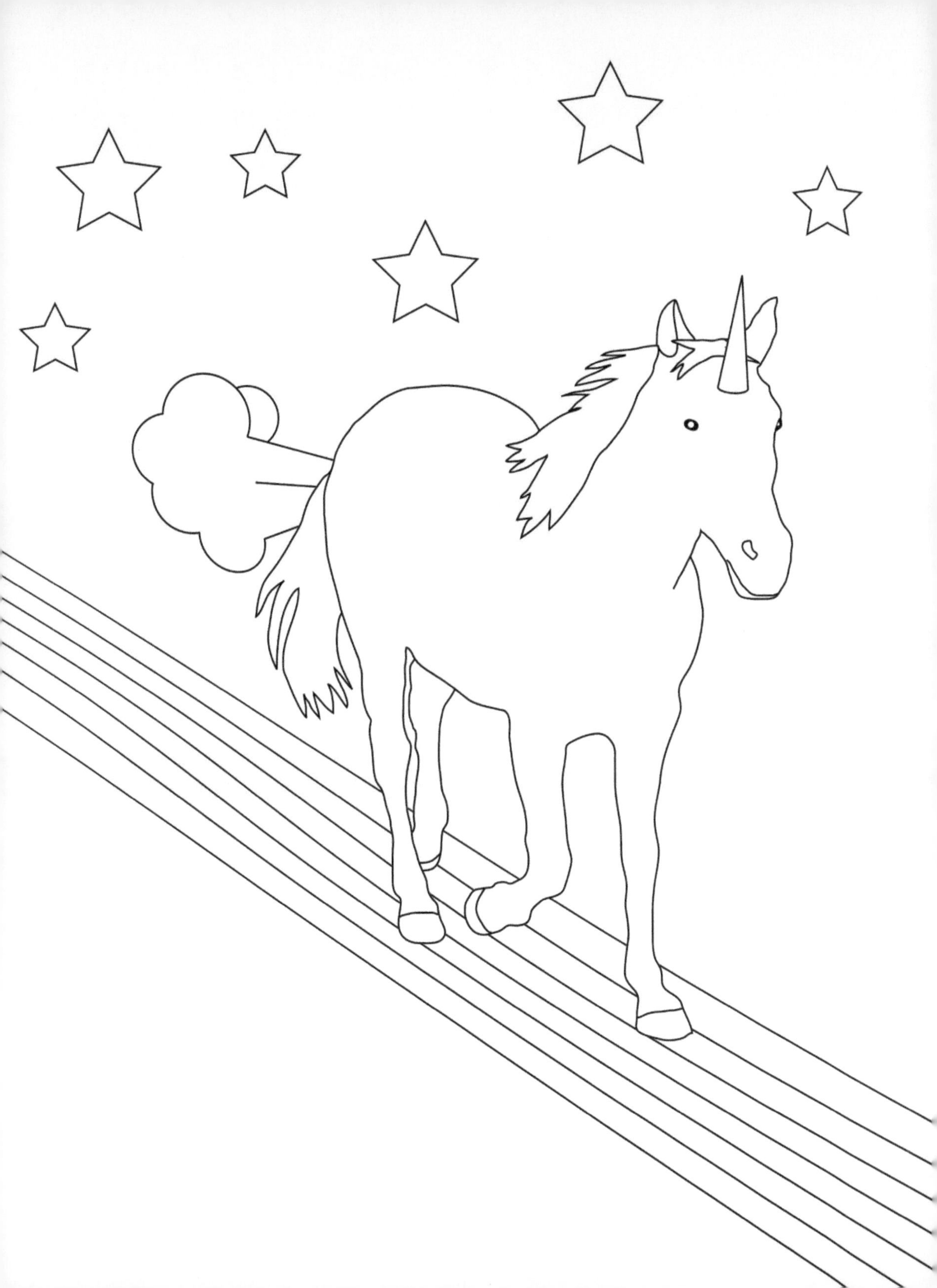

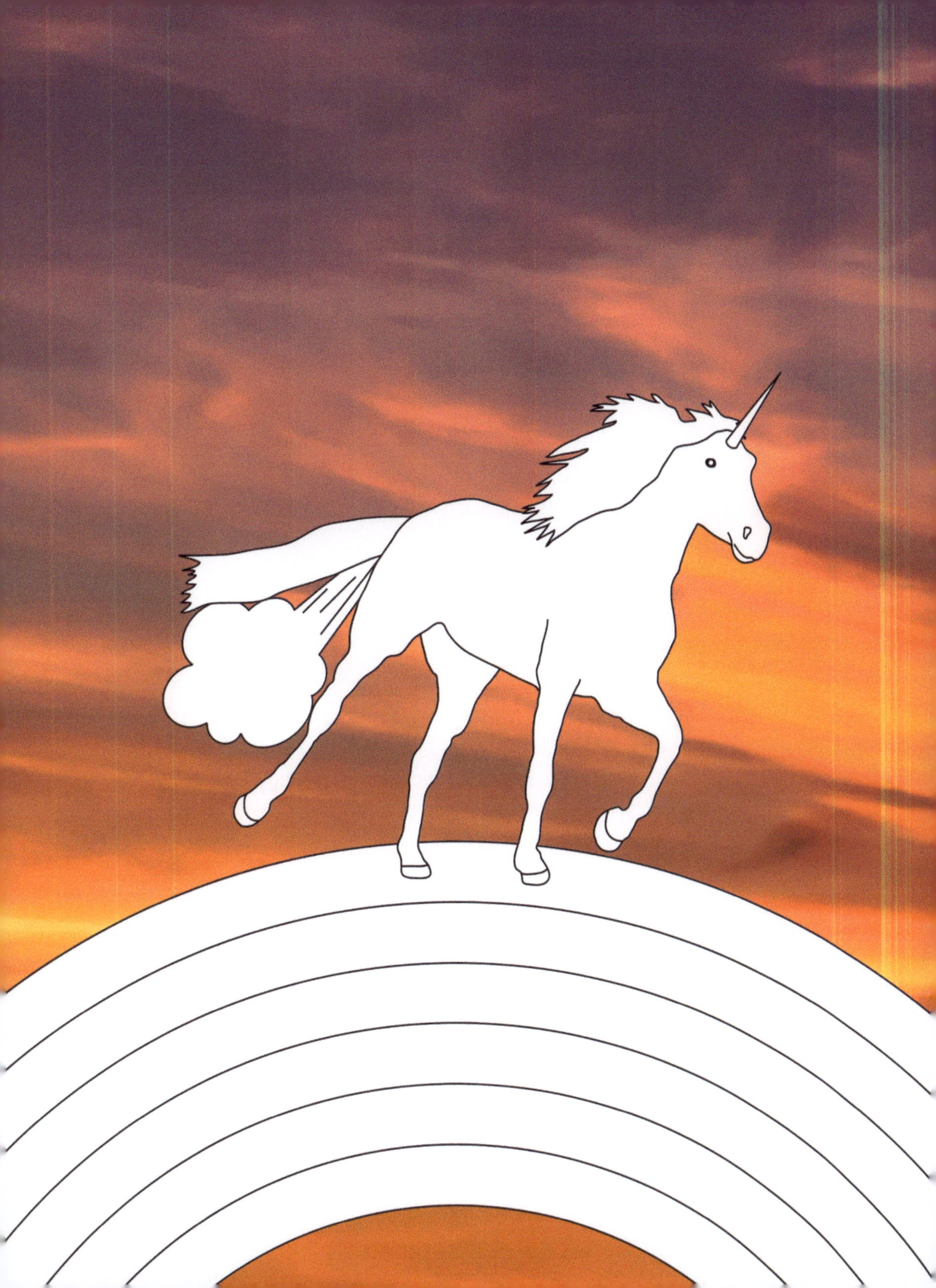

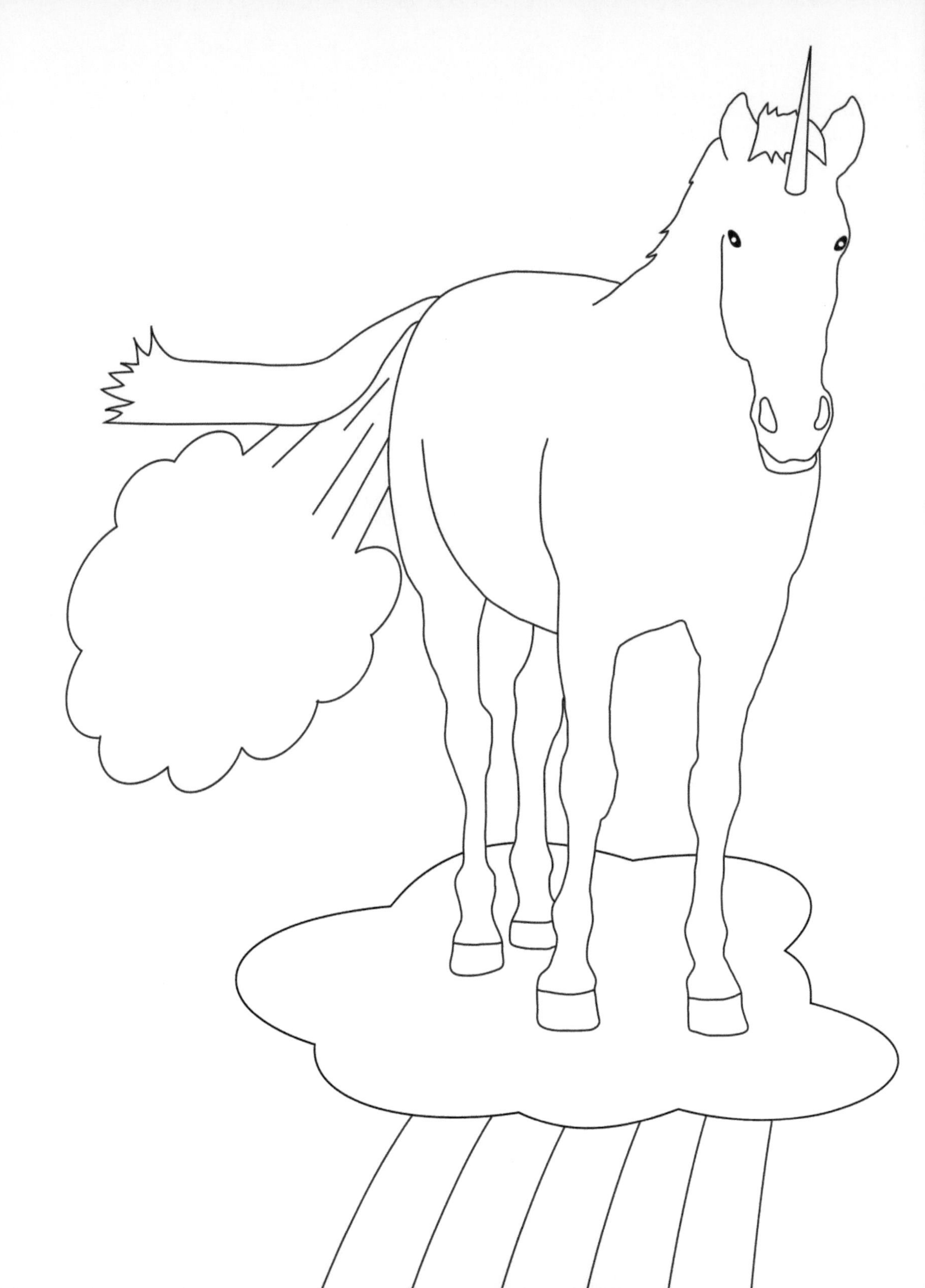

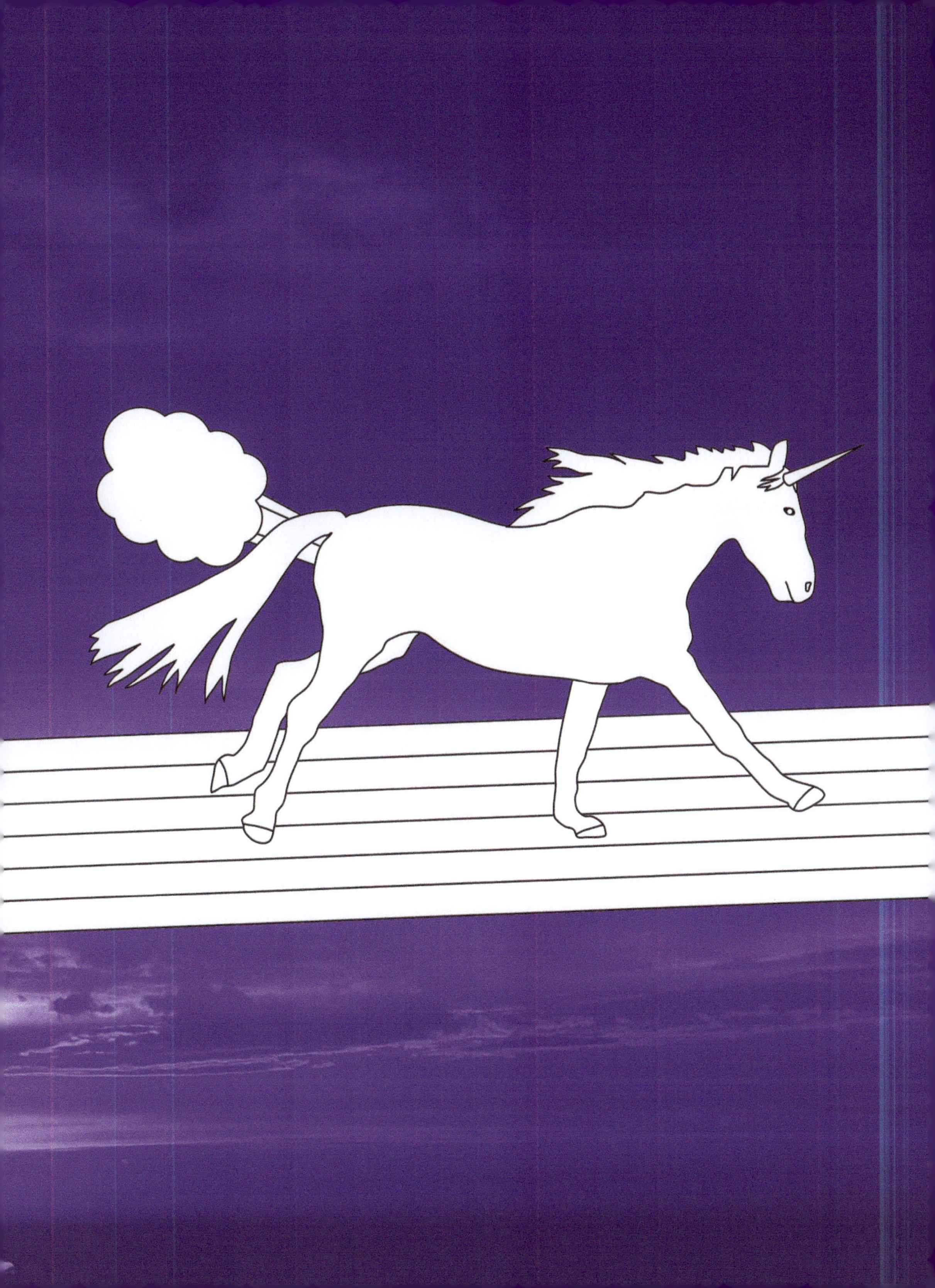

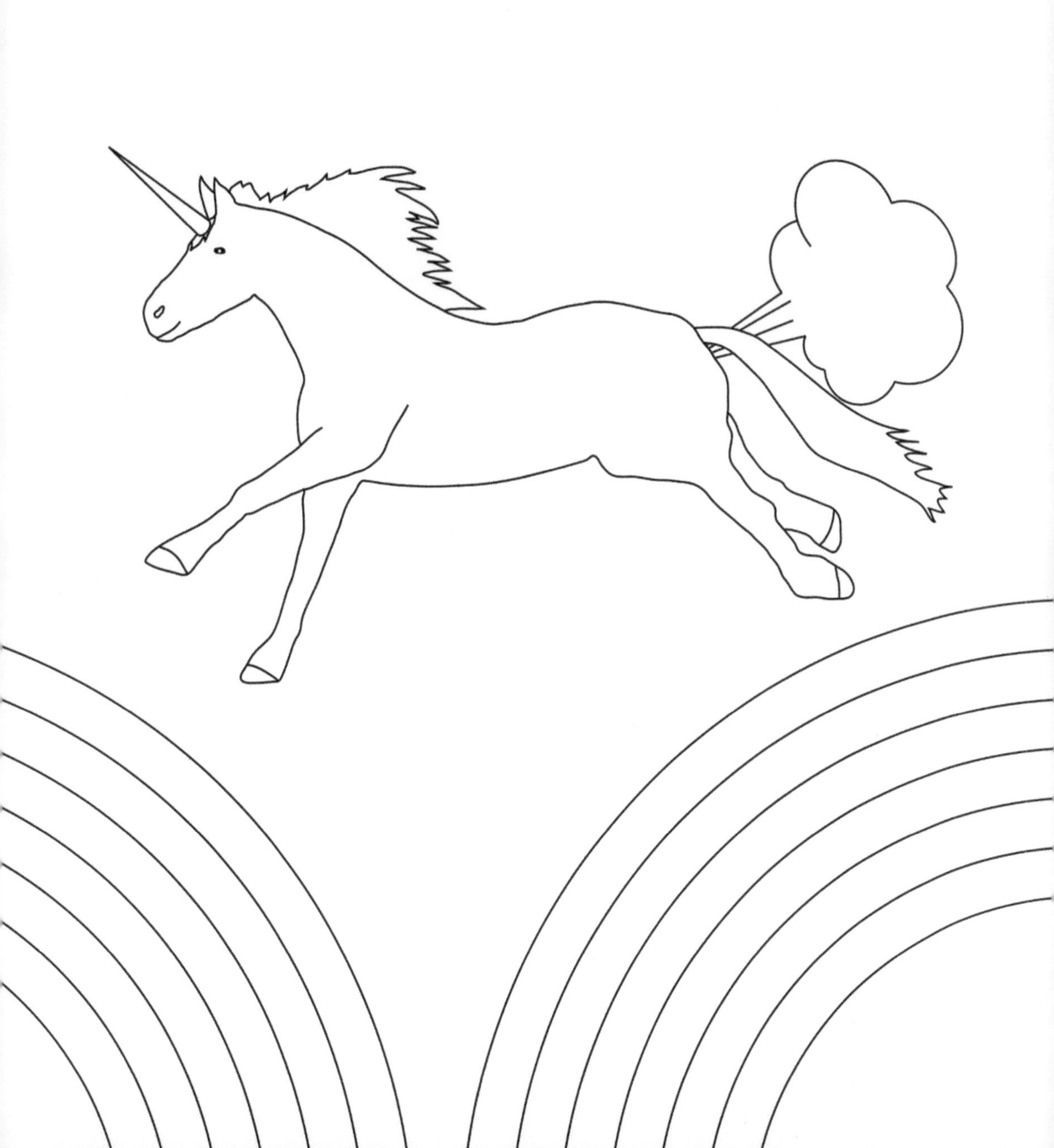